# IL CRM

Gestione delle relazioni con i clienti

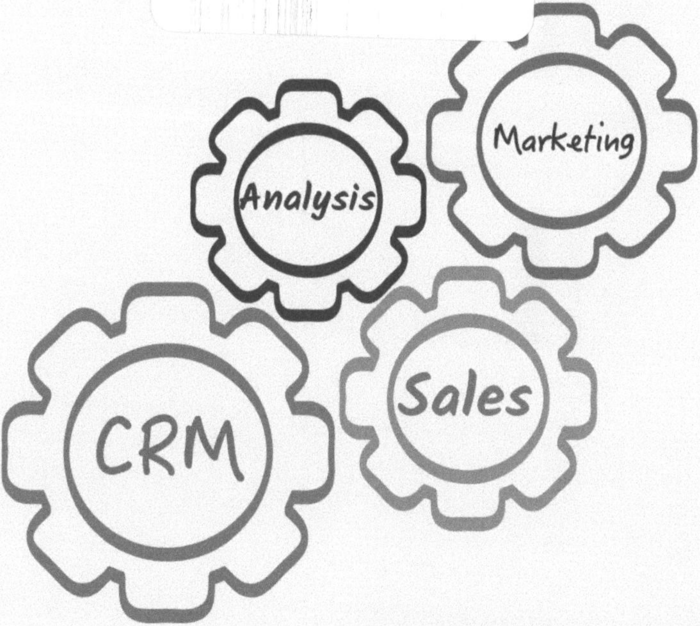


50MINUTES.com

# IL CRM

## Gestione delle relazioni con i clienti

scritto da Antoine Delers
tradotto par Sara Rossi

50MINUTES.com

# IL CRM

4

Definizione del modello

6

# TEORIA – INTRODUZIONE AL CONCETTO DI CRM

8

Le origini

8

Implementare una strategia CRM in azienda

8

Comprendere e migliorare la relazione con il cliente

10

Vantaggi dell'approccio CRM

16

# PER UNA BUONA GESTIONE DELLE RELAZIONI CON I CLIENTI

18

I passi

18

Raccomandazioni

23

Studio di caso

24

# IMPATTI

28

Limiti e critiche del modello

28

Estensioni e modelli correlati

30

# IN SINTESI

32

# PER ANDARE OLTRE

34

Fonti bibliografiche

34

Fonti aggiuntive

35

# IL CRM

- Nomi? CRM (Customer Relationship Management), GRC (gestione della relazione con il cliente).

- Utilizzi? Utilizzato nelle aziende, l'approccio CRM mira a ottimizzare il servizio clienti, a sviluppare la forza vendita e a fornire strumenti statistici e di tracciamento dei clienti a fini di marketing e di gestione dei dati.

- Perché è così efficace? Il CRM consente di migliorare la qualità delle relazioni con i clienti, di personalizzare le offerte, di monitorare la relazione, di individuare le opportunità e di offrire una comunicazione multicanale, limitando al contempo lo sforzo dell'azienda – nonostante l'elevato numero di clienti e prospect da gestire – e garantendo la trasmissione della conoscenza dei clienti all'interno dell'azienda.

- Parole chiave ?

  - <u>Data Mining</u>: insieme di strumenti e pratiche per l'analisi statistica di database, in particolare di database di clienti, che consente di identificare informazioni significative che possono essere utilizzate per implementare azioni di marketing o di altro tipo.

  - <u>Segmentazione della clientela</u>: suddivisione e classificazione dei clienti in gruppi omogenei, distinti, redditizi e raggiungibili.

- Fedeltà: tutte le azioni necessarie per stimolare e mantenere la relazione con il cliente.

- Prospecting: ricerca di potenziali clienti, detti "prospect", con l'obiettivo di convertirli in consumatori del bene o servizio proposto.

- Attrition: perdita di clienti in un periodo di tempo, misurata dal tasso di attrition; l'opposto della retention, che è il tasso di clienti mantenuti in un periodo di tempo.

- *Front-office*: a differenza del *back-office*, che non è visibile al cliente, il *front-office* comprende le risorse umane e materiali che sono a diretto contatto con il cliente.

- Multicanalità: utilizzo di diversi mezzi di comunicazione tra l'azienda e il cliente, come vendita diretta, telefono, Internet (social network, e-mail, chat, sito web aziendale e moduli), ecc.

- KPI (*Key Performance Indicators*): utilizzati nei cruscotti di gestione, i key performance indicators sono indicatori di direzione ed efficienza che misurano i risultati di un'attività, come ad esempio una campagna di marketing.

- Marketing *one-to-one*: un tipo di azione di marketing, in contrapposizione al marketing di massa, che cerca di comunicare con ogni cliente separatamente per offrire un servizio personalizzato.

- _Life Time Value_: previsione del valore attuale del profitto netto atteso per un cliente nel corso della durata del suo rapporto con l'azienda.

Secondo Richard Branson (imprenditore britannico e fondatore della Virgin, nato nel 1950), le due chiavi del successo sono: assumere persone di talento e ascoltare attentamente i consumatori. Quest'ultimo aspetto è al centro di questo articolo, poiché l'ascolto del cliente è strettamente legato a questo aspetto.

## DEFINIZIONE DEL MODELLO

Il CRM si riferisce a tutte le strategie, gli strumenti e le tecniche utilizzate per registrare, gestire e arricchire le relazioni con i clienti – attuali e passati – e con i prospect.

È diventato quasi indispensabile nella maggior parte delle grandi aziende e si presenta sotto forma di un pacchetto software omonimo: il CRM. Permette di registrare in modo affidabile e preciso tutti gli scambi tra l'azienda e il cliente, consentendo di personalizzare le interazioni per fidelizzarlo, o tra l'azienda e il prospect, grazie a strumenti di segmentazione integrati. Infine, può essere utilizzato a fini di reporting, per ricavare statistiche generali e altre cifre chiave (KPI).

Una delle caratteristiche interessanti del CRM è che tradizionalmente viene visto come uno strumento _di front-office_, in contrapposizione al _back-office_. Il _front office_, che in gergo commerciale corrisponde alla "parte visibile dell'iceberg", rappresenta la parte dell'azienda che i clienti conoscono: venditori, rappresentanti, cassieri, addetti allo sportello, ecc. Il *back office* comprende tutti gli strumenti e le risorse (materiali e umane) di un'azienda di cui i clienti non sono direttamente a conoscenza, come ad esempio i reparti contabili e finanziari.

# TEORIA – INTRODUZIONE AL CONCETTO DI CRM

## LE ORIGINI

Le origini della relazione con il cliente risalgono all'antichità: non appena si è trattato di fare prospezione, effettuare vendite o fornire assistenza post-vendita, i nostri antenati hanno utilizzato questo concetto, pur senza averlo definito come oggi. Solo con lo sviluppo delle tecnologie dell'informazione e della comunicazione (TIC) negli anni '90 è stato definito il CRM e negli anni 2000 la sua applicazione strategica, sotto forma dell'omonimo software, è stata utilizzata nelle aziende. La crescente concorrenza, gli alti costi di prospezione rispetto a quelli di fidelizzazione e la massa di clienti dovuta all'emergere della società dei consumi sono tutti elementi che hanno inesorabilmente incoraggiato lo sviluppo della gestione delle relazioni con i clienti.

## IMPLEMENTARE UNA STRATEGIA CRM IN AZIENDA

La gestione delle relazioni con i clienti, talvolta indicata anche come "customer relationship" management", è l'insieme delle tecniche e degli strumenti utilizzati in un'azienda per gestire la massa dei clienti offrendo loro un servizio personalizzato. L'azienda può così rivolgersi personalmente a ogni cliente, purché sia identificato nel sistema e assegnato a un particolare segmento.

L'approccio CRM consente di ottimizzare il servizio clienti e di sviluppare la forza vendita di un'azienda, grazie a strumenti statistici e di follow-up dei clienti a fini gestionali e di marketing.

Ma come si implementa una strategia di CRM? Con tempo e risorse sufficienti, tutto è possibile!

 ## IN PRATICA: IL CRM COME STRUMENTO INFORMATICO

Oggi è chiaro che una strategia efficace di gestione delle relazioni con i clienti (automazione dei processi di segmentazione, prospezione, fidelizzazione e analisi dei clienti, ecc. ) richiede l'uso di un software CRM. Può trattarsi di un'applicazione software accessibile sulle postazioni di lavoro dell'azienda, ma anche di un e-CRM (CRM online) o di un m-CRM (Mobile CRM adattato a tablet e smartphone).

Oggi sul mercato esistono diverse soluzioni CRM, pubblicate da gruppi IT, tra cui Microsoft (Microsoft Dynamics CRM), SAP (SAP CRM) e Oracle (Oracle CRM). Queste applicazioni sono spesso collegate all'ERP (*Enterprise Resource Planning*) dell'azienda e offrono un unico database completo, poiché collegano dati commerciali, finanziari, logistici, ecc.

# COMPRENDERE E MIGLIORARE LA RELAZIONE CON IL CLIENTE

## Segmentazione e prospezione

La segmentazione della clientela, o "segmentazione del marketing", consente di organizzare i clienti esistenti o potenziali in gruppi omogenei e distinti a cui indirizzare un messaggio personalizzato ed efficace. I consumatori dello stesso segmento devono avere caratteristiche comuni. A seconda che la base clienti sia B-to-B (*Business to Business*) o B-to-C (*Business to Consumer*), è necessario selezionare alcuni tipi di criteri per effettuare la segmentazione:

- variabili geografiche (paese, regione o località);

- Variabili aziendali (settore di attività, fatturato, numero di dipendenti, ecc.);

- variabili socio-demografiche (età, sesso, numero di figli, ciclo di vita, ecc.);

- variabili comportamentali (benefici ricercati, negozi frequentati, prodotti acquistati, utilizzo dei prodotti, fedeltà, ecc.) ) ;

- variabili socio-economiche (occupazione, livello di reddito, ecc.);

- variabili psicografiche (stile di vita, valori, personalità, ecc.).

Ogni gruppo è unico e non può essere simile ad altri segmenti, cioè non deve essere confuso con nessun altro. È necessario essere in grado di rivolgersi e raggiungere ogni membro di un gruppo attraverso l'erogazione di un tipo di discorso unico (ad esempio, una campagna di marketing) che sia comprensibile a tutte le persone del gruppo. Il segmento deve avere dimensioni sufficienti per essere redditizio e giustificare un approccio strategico specifico. Infine, deve essere misurabile e operabile, in quanto è importante essere in grado di determinare il numero di clienti nel segmento e di assegnare un tipo di cliente specifico a un determinato segmento in base a criteri definiti.

Una volta effettuata la segmentazione, si può procedere al targeting e al prospecting. A seconda del caso, il numero di gruppi di consumatori segmentati varierà: ovviamente non è utile occuparsi di tutti i gruppi definiti. Infatti, la segmentazione permette di separare i gruppi di clienti potenziali da un lato, e quelli che probabilmente non diventeranno clienti un giorno, dall'altro. La scelta di concentrarsi su uno dei segmenti di consumatori è nota nel gergo commerciale come "targeting". Quanto più preciso è il targeting, tanto più efficace è la fase di prospezione.

## Fidelizzazione dei clienti

Il secondo approccio alla gestione delle relazioni con i clienti è la fidelizzazione dei clienti. Si dice spesso che mantenere un cliente costa cinque volte meno che convertirne di nuovi. Seguendo questa logica, è nell'interesse di un'azienda coccolare i suoi clienti più importanti. Da un lato, la fedeltà aumenta i profitti e, dall'altro, rafforza la posizione dell'azienda sul mercato.

La fidelizzazione può essere spiegata secondo il seguente ciclo: una volta stabilito il primo contatto tra l'azienda e il cliente, è possibile effettuare una vendita. Se questo è il caso, è a questo punto che il cliente diventa "cliente" e comincia a formarsi un'opinione sul rapporto tra lui e il venditore. Seguono l'utilizzo del prodotto/esperienza del servizio stesso e il servizio post-vendita, che comprende tutte le operazioni di risoluzione dei problemi incontrati dai clienti, la proposta di nuovi prodotti, ecc. La soddisfazione del cliente deve quindi essere al centro dell'attenzione durante tutto il processo di fidelizzazione, affinché si inneschi un ciclo di vendita.

Infine, è essenziale misurare e conoscere il livello di fedeltà dei clienti. Purtroppo non esiste una tariffa direttamente collegata a questo aspetto, ma l'analisi di alcuni KPI può fornire una buona stima. Questi includono il tasso di retention (numero di clienti mantenuti rispetto a tutti i clienti acquisiti in un anno) e l'NPS (*Net Promoter* Score), che riporta i punteggi (da 1 a 10) assegnati dai clienti alle aziende. Un punteggio da 0 a 6 colloca le aziende nella categoria dei "detrattori", da 7 a 8 in quella dei "neutrali" e infine da 9 a 10 in quella degli "ambasciatori". Va notato che, oltre ai concetti quantitativi, la fedeltà può essere calcolata anche in termini qualitativi. Tuttavia, è meno ovvio confrontare i risultati e sono meno precisi.

## Segnalazione

Infine, il terzo approccio alla gestione delle relazioni con i clienti è quello statistico. Gli strumenti CRM consentono di utilizzare i dati dei clienti per ricavare KPI e calcolare varie statistiche relative a campagne di marketing, vendite di prodotti, ecc. Gli indicatori chiave includono :

- **il tasso di risposta,** cioè il numero di persone che hanno risposto all'offerta commerciale di un'azienda. Può essere calcolato, ad esempio, tramite un coupon di risposta utilizzato dal cliente o tramite un codice promozionale codificato in un sistema;

- **il tasso di conversione,** ossia il numero di clienti potenziali che diventano clienti in un determinato periodo;

- **Tasso di ritenzione,** ovvero il numero di clienti mantenuti in un periodo di tempo rispetto ai nuovi clienti convertiti nello stesso periodo. Si contrappone al tasso di logoramento, che è il numero di clienti persi;

- **Il tasso di soddisfazione,** una misura della soddisfazione dei clienti esistenti, che può essere integrata dal *Net Promoter Score* (NPS);

- **il tasso di reclami per cliente,** ovvero il numero di reclami registrati in un determinato periodo di tempo rispetto alla base clienti totale;

- **il ritorno sull'investimento (ROI)**, ossia il fatturato generato a seguito di una campagna di marketing o del lancio di un nuovo prodotto;

- **il costo di acquisizione di un nuovo cliente,** ossia il costo di conversione e quindi di acquisizione di un nuovo cliente. Può essere calcolato in base al budget investito in una campagna di marketing;

- **il valore attuale netto del cliente,** che è il valore attuale dei profitti futuri che un'azienda può aspettarsi per ogni cliente.

Una buona gestione delle relazioni con i clienti va di pari passo con l'uso efficiente del *data mining*, un termine che raggruppa tutti gli strumenti e le tecniche che consentono di estrarre dati significativi, comprese le correlazioni tra le variabili sopra descritte. Questo approccio è adottato, ad esempio, dagli istituti di credito, che praticano il cosiddetto *Credit Scoring*, ossia il calcolo del rischio associato a un cliente che desidera un prestito.

 ## Scoring del credito

Questa pratica si basa in realtà sullo studio empirico dei precedenti prestiti concessi dall'organizzazione. Esaminando il tasso di rimborso dei prestiti in relazione alle caratteristiche dei precedenti beneficiari dei prestiti concessi (come lo stipendio) – caratteristiche che sono presenti anche nei nuovi richiedenti – l'organizzazione bancaria è in grado di interpretare i dati a sua disposizione: in questo modo, può anticipare al meglio il rischio di mancato rimborso associato a questi richiedenti.

*Il data mining* è molto utile anche per estrarre i modelli di consumo. L'obiettivo è determinare quali prodotti offrire a un certo tipo di famiglie in base al loro comportamento d'acquisto. Ad esempio, alcuni supermercati utilizzano le carte fedeltà dei clienti per scoprire le loro abitudini di consumo e offrire loro prodotti adeguati. Ad esempio, un cliente che ama il cioccolato e i dolci riceverà un catalogo con una promozione sulle tavolette di cioccolato in prima pagina, mentre il suo vicino, che tende a mangiare verdure, riceverà un'offerta lampo su zucchine e patate. In realtà, ognuna di queste persone fa parte di un segmento specifico, quindi la comunicazione viene adattata ai gruppi per rispondere meglio alle loro esigenze. Con una gestione efficace dei dati dei clienti, le catene di supermercati possono produrre una serie di opuscoli che rispondono alle aspirazioni dei diversi segmenti e quindi inviare loro offerte personalizzate.

 ## LA LEGGENDA DEL CESTINO DA CORSA

Sapevate che, analizzando i panieri dei suoi clienti, una grande catena di distribuzione americana ha scoperto una forte correlazione tra le confezioni di birra e i pannolini per bambini? Sembra che il sabato, quando le madri restano a casa per occuparsi dei figli piccoli, i padri vadano a comprare pannolini e approfittino dell'occasione per acquistare bevande da bere la sera stessa. Avendo notato questo comportamento d'acquisto, la direzione della catena di supermercati ha deciso di mettere i pannolini nello stesso reparto delle birre. Con questa strategia di vendita basata sul *data mining*, l'azienda intende aumentare facilmente le vendite.

# VANTAGGI DELL'APPROCCIO CRM

I vantaggi dell'utilizzo di uno strumento CRM sono molteplici, i principali dei quali sono

## Centralizzazione e diffusione dei dati dei clienti all'interno dell'azienda

- Il CRM consente di tenere traccia delle relazioni (B-to-B o B-to-C) e di salvare lo storico degli scambi con un cliente/fornitore. Inoltre, rendendo il CRM accessibile a tutti in azienda, ogni dipendente, dalle vendite al reparto fatturazione, può accedere facilmente a questi dati.

- Consente una gestione ottimizzata e strutturata di una massa molto ampia di clienti, ex clienti e prospect, continuando a offrire un servizio personalizzato in base ai segmenti definiti attraverso l'analisi dei dati. Senza questo strumento, e a meno che non si conosca personalmente ogni cliente, sarebbe impossibile rivolgersi ai singoli consumatori come se fossero unici.

## Ottimizzare il ciclo di vita del cliente – Tra acquisizione e fidelizzazione

- Il CRM consente anche il monitoraggio passivo del valore di un cliente. Se un cliente non usufruisce del servizio per un certo periodo di tempo, può scattare un allarme che permette a un addetto alle vendite di venire a prendere in mano l'attività per rilanciare o riconquistare il cliente (consegnandolo ai colleghi in tutta serenità). Questo sistema garantisce la continuità del servizio. Ricordate che l'obiettivo è quello di riportare i clienti nel circuito di acquisto il più possibile.

- Facilita l'anticipazione delle esigenze e delle aspettative dei clienti. L'osservazione del ciclo del cliente può quindi evidenziare opportunità di *cross-selling* (vendita di un prodotto di un'altra categoria) e di *up-selling* (vendita di un prodotto della stessa categoria ma di livello superiore).

## Relazione *win-win* grazie alle offerte personalizzate

- Grazie all'analisi dei dati contenuti nel sistema CRM, l'azienda ha una migliore comprensione delle esigenze e dei comportamenti d'acquisto dei propri clienti, adattando così la propria offerta (dal prodotto, al canale di distribuzione, alla comunicazione mirata). In questo modo, aumenta la sua performance, poiché il cliente apprezza il servizio personalizzato, che lo incoraggerà a ripetere l'esperienza di consumo.

# PER UNA BUONA GESTIONE DELLE RELAZIONI CON I CLIENTI

## I PASSI

### Fase 1 – Segmentazione dei clienti

Per organizzare al meglio la propria strategia, l'azienda si preoccuperà di suddividere i propri clienti in gruppi distinti, i segmenti. A questo proposito, esistono diverse modalità operative (elenco non esaustivo).

- **La segmentazione RFM (Recency, Frequency, Amount)** suddivide tutti i clienti in base alle loro abitudini di acquisto in un determinato periodo.
  - Quando hanno fatto l'ultimo acquisto?
  - Con quale frequenza acquistano?
  - A quanto ammontava l'importo?

  Questo metodo tiene conto delle diverse fasce di clienti in base al valore del loro carrello: i maggiori consumatori vanno coccolati e favoriti, quelli i cui acquisti sono misti vanno monitorati e incoraggiati a passare alla categoria successiva, mentre potrebbe essere utile seguire gli ex clienti per cercare di riconquistarli.

- **La segmentazione geografica** definisce un'area geografica (chiamata "bacino di utenza" nel caso di un negozio) che contiene un insieme di potenziali clienti. A tal fine, uno studio dei clienti esistenti, ad esempio grazie al loro codice postale, permette di delimitare l'area da cui proviene la maggior parte di essi. L'azienda deve quindi concentrare i propri sforzi di ricerca clienti su quest'area per trovare nuovi affari.

- **Segmentazione secondo il rapporto di Pareto**. Dal momento che, secondo questo principio, il 20% dei clienti genera l'80% del fatturato, sembra molto importante – come nel caso della segmentazione RFM – applicare strategie adeguate a ciascun gruppo segmentato, in relazione al grado di necessità di fidelizzazione dei clienti.

## Che cos'è il principio di Pareto?

Il principio di Pareto, o legge dell'80/20, è un principio analitico stabilito da un economista italiano di nome Vilfredo Pareto (1848-1923), che afferma che il 20% delle cause genera l'80% delle conseguenze. Questo rapporto ha una certa risonanza nella maggior parte dei settori dell'economia.

Si noti che esistono altre possibilità di segmentazione, la cui scelta dipende dal tipo di azienda in esame. Ad esempio, la segmentazione in base alla taglia e al peso dei clienti è utile per il settore del prêt-à-porter, mentre la segmentazione in base all'età è più pertinente per il settore del tempo libero.

## Fase 2 – Comunicazione con il cliente

Una volta individuati i potenziali clienti attraverso la segmentazione, è necessario progettare un discorso appropriato in modo che ognuno di loro si senta unico e ascoltato. Questo è uno dei punti più importanti della gestione delle relazioni con i clienti, che diventano sempre più numerosi ed esigenti. La strategia di costruzione della relazione con il cliente prevede quindi l'offerta e l'utilizzo di tutti i mezzi di comunicazione possibili per dare al cliente la possibilità di contattare l'azienda come e quando vuole, per qualsiasi motivo (problema, richiesta di informazioni, acquisto o reclamo). I principali mezzi di comunicazione sono i seguenti:

- internet, tramite e-mail, social network, forum, chat di siti web, moduli da compilare;

- strumenti mobili come tablet e smartphone, tramite SMS o applicazioni;

- faccia a faccia, attraverso un venditore o un rappresentante;

- posta ordinaria;

- fax ;

- ecc.

## Fase 3 – Mantenimento

Quando un cliente acquista un prodotto o un servizio, bisogna fare di tutto per incoraggiarlo a tornare e ripetere l'acquisto. Per garantire l'acquisizione effettiva del consumatore, la tecnica dell'offerta personalizzata può rivelarsi decisiva. Concentrandosi sulla soddisfazione del cliente, questo approccio proattivo cerca implicitamente di fidelizzarlo. Allo stesso modo, l'azienda può decidere di istituire un programma di gestione delle domande e dei reclami, un sistema di promemoria automatico per gli ex clienti che non consumano da molto tempo, o un programma di fidelizzazione "bonus", che concede sconti per acquisti superiori a un certo importo.

Esistono molti strumenti a disposizione dei rappresentanti e del personale di vendita per facilitare questa fidelizzazione e costruire le relazioni con i clienti. Ecco i più importanti:

- il sito web, che fornisce ulteriori informazioni sull'intero catalogo di prodotti;

- la newsletter, che ricorda al cliente il marchio e mette in evidenza le promozioni in corso;

- inviti a fiere o eventi di vendita esclusivi, per creare un contatto diretto con il cliente e raccogliere i suoi dati;

- relazioni pubbliche ;

- promozioni o coupon personalizzati;

- campioni gratuiti;

- contatti telefonici ;

- carte fedeltà ;

- supporto o assistenza post-vendita;

- ecc.

**Tra gli strumenti, il software CRM è di gran lunga il più efficace, in quanto combina diversi degli strumenti elencati.**

È importante notare a questo punto che i mezzi di comunicazione dipendono anche dal settore e dal tipo di prodotto di ciascuna azienda. Un prodotto ad alto valore tecnologico, come una stampante 3D per le industrie, richiederà una comunicazione faccia a faccia in quanto le specifiche del prodotto possono essere complesse da spiegare e applicare, mentre qualsiasi oggetto può essere facilmente commercializzato su Internet senza l'intervento di un intermediario o di un consulente.

## RACCOMANDAZIONI

- Assicuratevi che le informazioni sui vostri clienti nel vostro database siano costantemente aggiornate, in modo da poterle utilizzare in qualsiasi momento. Prima di intraprendere un approccio CRM, assicuratevi che il vostro database sia pulito e di buona qualità (attenzione ai duplicati e agli errori di codifica).

- Dovete anche assicurarvi che i dati personali dei vostri clienti siano protetti, perché hanno dei diritti che l'azienda deve rispettare. Questi includono il diritto di accesso, modifica e cancellazione dei dati. L'azienda non può nemmeno divulgare questi dati senza il consenso esplicito del cliente.

- Non segmentate eccessivamente la vostra base clienti, poiché i gruppi definiti devono rimanere operativi (cioè utilizzabili dall'azienda). Ricordate che i gruppi di segmentazione devono essere omogenei, raggiungibili e distinti tra loro.

- Non dimenticate di misurare i vostri sforzi in una strategia CRM, sulla base dei dati in vostro possesso.

- Praticate la comunicazione multicanale – evitando di privilegiare un mezzo in particolare – per permettere al cliente di scegliere come contattare l'azienda.

- Seducete il consumatore con delicatezza, cioè non inseguitelo, rischiate di perderlo. Ricordate che la fidelizzazione costa meno dell'acquisizione di nuovi clienti.

## STUDIO DI CASO

### Esempio 1 – Telecomunicazioni mobili, una segmentazione descrittiva

Il primo esempio riguarda un'azienda di telecomunicazioni, Mobile Telecom, che vuole aumentare il proprio fatturato fidelizzando i clienti esistenti. A tal fine, offre loro pacchetti telefonici adeguati ai loro consumi. Dopo aver raccolto i dati comportamentali del suo gruppo target, il team di marketing è in grado di redigere una tabella riassuntiva.

La tabella mette a confronto i clienti (da A a J) di cui si conosce il numero di chiamate effettuate e di SMS inviati nell'arco di un mese. Per i più visivi, ecco la versione grafica della stessa tabella: rivela nuvole di punti che formano categorie di clienti.

Da questo punto di vista, diventa facile distinguere tra diversi profili di clienti e delineare i segmenti. Alcuni consumano pochissimi SMS e chiamate, altri un po' di entrambi o solo uno dei due, e infine gli ultimi mostrano il consumo migliore. La comunicazione e le offerte fatte a questi clienti variano quindi in modo significativo a seconda della loro tipologia.

- **I clienti C e I** consumano poca o nessuna comunicazione. Quando si ha a che fare con queste persone, gli esperti di marketing possono decidere di :

  - di fare tutto il possibile per farli passare alla categoria successiva;

  - lasciarli fuori (cosa che accade più spesso), poiché è improbabile che generino mai un profitto per l'azienda.

- **I clienti B e F** appartengono al gruppo con il maggior numero di consumatori. Non avendo preferenze di consumo, questi clienti "medi" generano un reddito stabile. L'obiettivo del personale di vendita è quello di mantenerli assolutamente come clienti, proponendo loro offerte aggiuntive occasionali per farli diventare come i clienti E e J.

- **I clienti D/H e A/G** utilizzano principalmente gli SMS o le chiamate, probabilmente per motivi di preferenza. È quindi interessante offrire loro un pacchetto limitato, che combini ad esempio il tipo di consumo preferito con l'altro a un prezzo inferiore. Questa strategia può ampliare la gamma di prodotti venduti e convertire alcuni di questi clienti in ottimi consumatori.

- **I clienti E e J** sono i migliori. È importante trattenerli a tutti i costi per evitare che passino alla concorrenza, proponendo loro offerte sempre più vantaggiose e personalizzate: tariffe agevolate, un sistema di punti in base ai loro consumi che dà accesso ad altri vantaggi, ecc.

Sebbene questo grafico mostri chiaramente le diverse categorie e le strategie da considerare per ogni segmento, in realtà non è sempre così chiaro. I clienti possono essere sparsi nel grafico, quindi è necessaria un'ulteriore segmentazione per classificarli in un gruppo particolare. In conclusione, i canali che possono essere utilizzati nel nostro caso sono molteplici. Per i clienti già acquisiti, possono essere il telefono e gli SMS, ma nel caso di una prospezione più ampia, sono molto utilizzati anche la pubblicità sui media o le pubbliche relazioni.

## Esempio 2 – Casa-Brico, segmentazione a priori/a posteriori

In questo secondo caso di studio, l'azienda target è Home Brico, un negozio di bricolage che vorrebbe conoscere e capire chi sono i suoi attuali clienti per attirare altri dello stesso tipo che non sono ancora stati esposti alla strategia di comunicazione dell'azienda. L'obiettivo in questo caso non è più la fidelizzazione del cliente, come nel caso di Mobile Telecom, ma la ricerca di nuove prospettive.

Per ridurre al minimo i costi e mantenere l'efficienza della procedura, il direttore chiede ai commessi di registrare il codice postale di ogni cliente che si presenta alla cassa del negozio. In questo modo è in grado di delineare l'attuale bacino di utenza.

Continuando la sua riflessione, definisce un nuovo bacino d'utenza teorico; questa è chiamata segmentazione a priori. In base all'origine dei clienti attuali,

Home-Brico determina il proprio mercato target. Questa è la zona gialla che comprende i clienti potenzialmente raggiungibili dall'azienda.

Ora è il momento di un nuovo ciclo di segmentazione. Si tratta della cosiddetta segmentazione a posteriori. Conoscendo il mercato teorico, cioè i potenziali clienti nella zona gialla di cui sopra, l'azienda potrà rivolgersi a loro, ad esempio con una campagna pubblicitaria. I nuovi clienti che rispondono positivamente al marchio rappresenteranno quindi il vero mercato dell'azienda. Non si tratta necessariamente del mercato teorico calcolato sopra.

Con una nuova segmentazione in due fasi, un'azienda può essere sicura di rivolgersi ai suoi potenziali consumatori in modo unico e personale. Come nel primo esempio, si raccomanda di verificare rigorosamente le prestazioni della nuova segmentazione e del targeting, ad esempio calcolando il tasso di conversione, per trarre le dovute conclusioni.

# IMPATTI

## LIMITI E CRITICHE DEL MODELLO

Sebbene l'implementazione di una strategia di gestione delle relazioni con i clienti porti alcuni vantaggi all'azienda, ci sono inevitabilmente alcuni limiti:

- **dati personali.** L'azienda che applica un approccio CRM non può utilizzare i dati dei clienti a suo piacimento. Esistono numerose normative, tra cui la direttiva europea del 24 ottobre 1995 sulla protezione dei dati personali. In versione semplificata, un'azienda non può raccogliere tutti i tipi di dati, non può utilizzarli senza il consenso del cliente e deve consentire il libero accesso e la cancellazione dei dati memorizzati;

 **I CONCETTI DI OPT-IN E OPT-OUT**

I concetti di *opt-in* e *opt-out* sono strettamente legati alla protezione dei dati personali e definiranno il modo in cui le aziende gestiranno la raccolta dei dati.

- Nel caso di *opt-in, il* consenso preventivo del cliente è esplicito, ossia l'utente di Internet seleziona (o deseleziona nel caso di *opt-in* passivo) una casella in un modulo per l'utilizzo dei suoi dati a fini commerciali.

> L'*opt-out* prevede un comportamento implicito. L'utente di Internet spunta (o, analogamente, deseleziona in caso di *opt-out* passivo) una casella in un modulo per evitare che i suoi dati personali vengano utilizzati. È quindi implicito che il consenso sia dato fino alla revoca.

- **ottenere i dati.** In relazione al primo punto, l'acquisizione e il mantenimento dei dati dei clienti possono talvolta essere complicati. Le grandi aziende hanno oggi facile accesso a informazioni generali, come nome, partita IVA, indirizzo, ma dati come le preferenze dei consumatori sono più complessi da ottenere;

- **identificazione del cliente.** A volte è difficile implementare una strategia di CRM se i clienti non sono identificabili, o non lo sono affatto, come è tipicamente il caso dei frequentatori delle stazioni di servizio: sono numerosi e molto diversi tra loro;

- **i costi di un CRM.** I costi di impostazione e gestione di una strategia CRM possono essere relativamente elevati, soprattutto se l'applicazione è collegata a un ERP più globale o se offre possibilità statistiche e di reporting avanzate;

- **il coinvolgimento di tutti i membri dell'azienda nel progetto CRM.** I venditori e gli addetti al marketing parteciperanno al progetto se vedranno un beneficio diretto (ad esempio, un miglioramento delle prestazioni). Altrimenti, se percepiscono solo un carico di lavoro aggiuntivo, non si impegneranno a fondo e il progetto potrebbe costare più di quanto frutterà all'azienda.

# ESTENSIONI E MODELLI CORRELATI

## SRM o gestione delle relazioni con i fornitori

L'SRM (*Supplier Relationship Management*) è, come il CRM, una strategia per ottimizzare le interazioni tra le parti interessate, in questo caso i fornitori. L'SRM facilita, tra l'altro, la comunicazione (spesso tramite tecnologie informatiche automatizzate), l'approvvigionamento dei beni (che può essere reso automatico attivando avvisi specifici) e infine la scelta, la selezione e la negoziazione con i fornitori.

## ERM o gestione delle relazioni con i dipendenti

L'ERM (*Employee Relationship Management*) è simile al CRM in quanto consente di gestire le risorse umane di un'azienda: gestione degli stipendi, accesso all'IT, gestione delle carriere, offerte di formazione e comunicazione generale.

## CRM sociale

*Il Social CRM* è un'evoluzione del CRM che agisce sui social network più noti come Facebook, LinkedIn o Twitter. Offrendo una dimensione aggiuntiva al CRM tradizionale, l'azienda può comprendere meglio i desideri dei consumatori e quindi soddisfare le loro esigenze in modo ottimale.

## VRM o vendor relationship management

Il VRM (*Vendor Relationship Management*) è un concetto che oggi rimane relativamente teorico. Nato sotto la spinta delle associazioni dei consumatori, mira a far sì che il cliente scelga e gestisca in prima persona le aziende con cui fa affari. Così come un'azienda dispone di un CRM contenente l'elenco dei suoi clienti, dei potenziali clienti e di quelli eventualmente persi, qui il consumatore dispone di un elenco dei negozi che frequenta e di altri che potrebbero potenzialmente interessarlo, consentendogli di gestire in prima persona le sue informazioni, in particolare i suoi dati personali.

# IN SINTESI

- Il CRM, o *Customer Relationship* Management, si riferisce a tutti gli strumenti e le tecniche utilizzati per gestire e arricchire le relazioni con i clienti attuali, precedenti e potenziali nel lungo periodo.

- L'omonimo strumento informatico permette di gestire un gran numero di clienti – e i loro dati – rivolgendosi a loro personalmente.

- Il CRM migliora la relazione con il cliente attraverso varie azioni:

  - la segmentazione dei clienti in piccoli gruppi omogenei, che permette all'azienda di conoscerli meglio e di adattare il proprio discorso di conseguenza. Le variabili più comunemente utilizzate sono quelle geografiche, firmografiche, socio-demografiche, comportamentali, socio-economiche e psicografiche;

  - la fidelizzazione dei clienti esistenti. Poiché conservare i consumatori è meno costoso che conquistarne di nuovi, le aziende hanno tutto l'interesse a implementare una strategia di CRM (buying loop);

  - Reporting dei dati, ovvero il calcolo e l'analisi di numerosi indicatori chiave di prestazione (KPI), che fornisce correlazioni e altre statistiche a supporto di una migliore gestione aziendale e di un processo decisionale ottimale (minimizzazione del rischio).

- I vantaggi sono significativi. Facilitando la gestione di un gran numero di clienti – che implica un contatto privilegiato e personalizzato con ciascuno di essi – il CRM contribuisce a migliorare la qualità del servizio e della comunicazione esterna, il che si traduce in un aumento dell'utile netto per cliente e in un incremento del fatturato.

- Tuttavia, il modello presenta dei limiti. Un'azienda non può utilizzare tutti i dati personali a suo piacimento: esistono norme che proteggono i consumatori e le loro informazioni. I clienti non sono sempre identificabili, il che ostacola anche il CRM, che può essere molto costoso da impostare e mantenere. Infine, ottenere dati come le preferenze dei consumatori può richiedere molto tempo.

- Collegato al CRM, l'ERP, o "pianificazione delle risorse aziendali", consente di centralizzare tutte le funzioni importanti di un'azienda in un'unica applicazione con un unico database. L'ERM consente la gestione delle risorse umane e l'SRM la gestione dei fornitori.

# PER ANDARE OLTRE

## FONTI BIBLIOGRAFICHE

ADARY (Assaël), *Évaluez vos actions de communication*, Paris, Dunod, 2008.

ALARD (Pierre), *La stratégie de relation client*, Paris, Dunod, 2000.

AMIDOU (Loukouman), *Marketing des réseaux sociaux*, Boulogne-Billancourt, MA éditions, 2012.

BENNETT (Travis), "7 tipi di segmentazione del mercato", in *Udemy*, visitato il 25 luglio 2015. https://blog.udemy.com/types-of-market-segmentation/

C-RADAR, "Firmography, uno strumento intelligente per comprendere, identificare, verificare e rilevare", in *C-Radar*, consultato il 25 luglio 2015. http://www.c-radar.com/2014/09/firmographie-outil-intelligent-comprendre-identifier-verifier-detecter/

DELERS (Antoine), *Le principe de Pareto*, Namur, Edizioni Lemaitre, 2014.

DIVARD (Ronan), *Le marketing participatif*, Parigi, Dunod, 2010.

GHANNAM-ZAIM (Ouaffa), "La segmentazione", in *Institut Supérieur du Commerce et d'Administrations des Entreprises*, consultato il 25 luglio 2015. http://fr.slideshare.net/enams90/la-segmentation-en-marketing

HARVARD, "Project VRM", in *Cyber Law Harvard*, consultato il 25 luglio 2015. http://cyber.law.harvard.edu/projectvrm/Main_Page

Krebs (Geneviève), *Nouvelles pratiques client-fournisseur*, Saint-Denis-La-Plaine, Afnor, 2004.

Lefébure (René) e Venturi (Gilles), *Gestion de la relation client*, Paris, Eyrolles, 2004.

McMahon (Chuck), "The 16 Marketing KPIs You Should Be Measuring (But Probably Aren't)", in *VTL Design*, visitato il 25 luglio 2015. https://vtldesign.com/inbound-marketing/16-marketing-kpis-to-measure/

Peelen (Ed), Jallat (Frédéric) e Stevens (Éric), *Gestion de la relation client. Total relationship management, Big data e mobile marketing*, Parigi, Pearson, 2014.

Rao (Srikumar S.), "Sindrome della birra in pannolino", in *Forbes.com*, giugno 1998, visitato il 25 luglio 2015. http://www.forbes.com/forbes/1998/0406/6107128a.html

Rouse (Margaret), "Customer Relationship Management", in *TechTarget*, visitato il 25 luglio 2015. http://searchcrm.techtarget.com/definition/CRM

Van Dessel (Gert), "Net Promoter Score", in *CheckMarket*, consultato il 25 luglio 2015. https://fr.checkmarket.com/2011/06/votre-net-promoter-score/

## FONTI AGGIUNTIVE

Baranzelli (Stéphane), "Le strategie di fidelizzazione", in *Experian.* http://www.experian.fr/marketing-services/videos/avis-experts/strategies-de-fidelisation-client.html

Vogliamo sapere da voi!
Lasciate un commento sulla vostra biblioteca online
e condividete i vostri libri preferiti sui social media!

L'editore garantisce l'affidabilità delle informazioni pubblicate, che non possono tuttavia impegnare la sua responsabilità.

Master ISBN: 9782808608169
ISBN cartaceo: 9782808609371
Deposito legale: D/2023/12603/122

Design digitale: Primento,
il partner digitale degli editori.